Das Ultimative
Kaninchenbuch

Erfahre mehr über dein flauschiges Lieblingssäugetier

Jenny Kellett
Philipp Goldmann

BELLANOVA

MELBOURNE · SOFIA · BERLIN

Urheberrecht © 2023 von Jenny Kellett

Kaninchen: Das Ultimative Kaninchenbuch
www.bellanovabooks.com

Alle Rechte vorbehalten. Kein Teil dieses Buches darf ohne schriftliche Genehmigung des Autors in irgendeiner Form elektronisch oder mechanisch vervielfältigt werden, auch nicht durch Fotokopieren, Aufzeichnen oder Speichern und Abrufen von Informationen.

ISBN: 978-619-264-114-6
Imprint: Bellanova Books

INHALT

Einleitung 4
Kaninchen - Die Grundlagen 7
Kaninchen vs. Hasen vs. Pikas 16
Kaninchen Gattungen 23
    Das Ryukyu-Kaninchen 24
    Der Buschmannhase 26
    Die gestreiften Kaninchen 28
    Das Vulkankaninchen 30
    Das Zwergkaninchen 32
    Baumwollschwänze & Tapetís 34
    Das Wildkaninchen 36
    Das Buschkaninchen 38
    Das Hauskaninchen 40
Von der Geburt bis zum Erwachsensein........... 42
Das tägliche Leben 52
Kaninchen in Folklore und Populärkultur........ 60
Kaninchen als Haustiere 68
Andere interessante Fakten 84
Kaninchen-Quiz 92
    Antworten 96
Wortsuche Rätsel 98
Quellen 100

EINLEITUNG

Sie sind niedlich und flauschig, kuschelig und süß - doch wie viel weißt du wirklich über dein Lieblingstier?

Das Reich der Kaninchen ist faszinierend und vielfältig. Es gibt Dutzende von verschiedenen Arten, jede mit ihren eigenen Merkmalen. In diesem Buch tauchen wir tiefer in ihre Welt ein - welche Arten gibt es, wo leben sie und was machen sie jeden Tag?

Am Ende des Buches hast du die Möglichkeit, dein Wissen in unserem Kaninchenquiz zu testen! Bist du bereit? **Dann nichts wie los...**

KANINCHEN:
DIE GRUNDLAGEN

WAS SIND KANINCHEN?

Kaninchen sind **Säugetiere**, das heißt, sie bringen lebende Junge zur Welt.

• • •

Sie gehören zur Familie der Hasen (**Leporidae**). Innerhalb dieser Gruppe gehören Kaninchen zu einer kleineren Gruppe namens **Lagomorpha** (Hasentiere), zu der auch der Hase und der Pfeilhase, auch Pika genannt, gehören.

• • •

Bis zum Jahr 1912 galten Kaninchen als Nagetiere.

Männliche Kaninchen werden **Rammler** genannt und weibliche Kaninchen nennt man **Zibbe** oder **Häsin**.

...

Vor dem 18. Jahrhundert wurden erwachsene Kaninchen **Kegel (coneys)** genannt, und jüngere Kegel wurden Kaninchen genannt.

...

Kaninchen gibt es auf allen Kontinenten der Welt, mit Ausnahme der Antarktis. Die am weitesten verbreiteten Kaninchen stammen ursprünglich aus Europa und wurden später in die ganze Welt verteilt.

Mehr als die Hälfte der Weltpopulation von Kaninchen lebt in Nordamerika. In Eurasien (Länder wie die Mongolei, Afghanistan und die Ukraine) sind Kaninchen recht selten, und Hasen sind viel weiter verbreitet.

...

Kaninchen leben in allen möglichen Lebensräumen, darunter in Wüsten, Wiesen, Feuchtgebieten und Wäldern.

...

Kaninchen dienen vielen Zwecken - als Beutetiere für andere Tiere, als Nutztiere für den Menschen, und sie sind auch tolle Haustiere.

Wildkaninchen werden im Durchschnitt nur etwa ein Jahr alt. Hauskaninchen können viel länger leben.

• • •

Das älteste aufgezeichnete Kaninchen war 18 Jahre alt und lebte in Tasmanien, Australien.

• • •

An der südlichen Spitze Südamerikas gibt es keine Kaninchen. Und im Norden gibt es meist nur eine Kaninchenart - das **Tapeti** (oder Brasilien-Waldkaninchen).

• • •

Kaninchen gibt es in verschiedenen Größen, aber die häufigsten Arten sind etwa 30–45 cm lang.

Die meisten Kaninchen (mit Ausnahme von Baumwollschwanzkaninchen und einigen anderen seltenen Arten) leben in **Höhlen** oder **Kaninchenlöchern**, die sie selbst gegraben haben. Wenn es mehrere Höhlen gibt, nennt man das einen Bau.

• • •

Das Gewicht eines Kaninchens hängt von seiner Art ab. Europäische Kaninchen wiegen 1 bis 2,5 kg, während das Neuengland-Baumwollschwanzkaninchen etwa 800 g wiegt.

• • •

Kaninchen sind schnelle Läufer. Ein europäisches Kaninchen kann eine Geschwindigkeit von bis zu 40 km/h erreichen!

Kaninchenfell ist weich und dick und kann viele verschiedene Farben haben, darunter weiß, beige, hellbraun, lavendelfarben und rot - eine Kombination von Farben ist auch möglich.

...

Kaninchen haben fünf verschiedene Arten von Ohren: **aufrechte Ohren** (die häufigsten), **volle Hängeohren** (beide Ohren hängen herab), **halbe Hängeohren** (nur eines hängt herab), **Ruderohren** (die Ohren liegen waagerecht über den Schultern des Kaninchens) und **Hornohren** (die Ohren liegen waagerecht über dem Ende der Nase).

...

Eine Gruppe von Kaninchen nennt man eine **Kolonie**.

Ein Kaninchen mit vollen Hängeohren.

KANINCHEN VS. HASEN VS. PIKAS

Kaninchen, Hasen und Pikas gehören alle zur gleichen Gruppe - den Hasentieren (Lagomorpha). Unterteilt wird diese Gruppe in 2 Familien: den Pfeifhasen (Ochotonidae) und den Hasen (Leporidae). In der Familie der Hasen werden einige Gattungen Kaninchen und einige als Hasen bezeichnet. Es gibt insgesamt 34 Arten von Pika, 42 Arten von Kaninchen und 33 Arten von Hasen.

Pikas werden auch Pfeifhasen genannt und ihr wissenschaftlicher Name ist Ochotona. Wir verwenden in diesem Buch den Begriff Pika für diese Familie, weil wir in niedlicher finden als Pfeifhasen.

Ein wilder Hase

Ein Pika.

Hasentiere haben hoch am Kopf sitzende Augen, welche zur Seite hin gelegen sind, sodass sie viel von ihrer Umgebung sehen können. Außerdem haben sie flexible Hälse und nur eine Öffnung für ihre Ausscheidungen (Urin und Kot).

Was sind ihre Gemeinsamkeiten und Unterschiede?

Der Hauptunterschied zwischen Kaninchen und Hasen ist, dass Hasen in der Regel größer sind als Kaninchen und größere Ohren mit schwarzen Spitzen haben.

Kaninchen und Hasen haben lange Hinterbeine, mit denen sie sehr schnell laufen können - wobei Hasen viel schneller laufen können als Kaninchen.

Pikas sind viel kleiner als Kaninchen. Sie haben große runde Ohren, kurze Beine und sehen einem Meerschweinchen ähnlich.

Sie haben auch nur einen sehr kleinen Schwanz, der fast unsichtbar ist. Ihr Fell ist normalerweise grau oder braun.

Hasen und Kaninchen leben in ähnlich vielfältigen Lebensräumen, darunter die arktische Tundra, Wüsten und Wälder.

Inzwischen leben Pikas im Allgemeinen in kühlen, gebirgigen Gebieten wie den amerikanischen Rocky Mountains. Der langohrige Pika ist das höchstgelegene Säugetier der Welt - er lebt in über 6.000 m Höhe im Himalaya!

Pikas sind gewöhnlich **tagaktiv** (sie sind tagsüber aktiv), während Kaninchen und Hasen in der Regel **nachtaktiv** (sie sind nachts aktiv) oder **dämmerungsaktiv** (sie sind während der Dämmerung aktiv) sind.

Ein Kaninchen mit Hängeohren >

KANINCHEN GATTUNGEN

Der Begriff "Kaninchen" ist sehr weit gefasst! Um ein Kaninchenexperte zu werden, solltest du die Unterschiede zwischen den verschiedenen Gattungen kennen. Was ist eine Gattung? Das sind Untergruppen innerhalb einer größeren Gruppe von Tieren. Es gibt zehn Kaninchengattungen, die 29 Wildkaninchenarten und 303 Hauskaninchenrassen umfassen.

Wir werden uns die acht gängigsten Gattungen genauer ansehen.

DAS RYUKYU-KANINCHEN
WISSENSCHAFTLICH: *Pentalagus*

Zu der Gattung Pentalagus gehört nur das Amami-Kaninchen, welches eine sehr faszinierende Rasse ist. Es ist auch als Ryukyu-Kaninchen bekannt und kommt nur auf zwei kleinen Inseln in Japan vor.

Das Amami-Kaninchen wird oft als "lebendes Fossil" bezeichnet, da es die letzte verbliebene Kaninchenart ist, die denen ähnelt, die einst auf dem asiatischen Festland lebten.

Amami-Kaninchen haben kurze Füße und Hinterbeine mit langen, gebogenen Krallen, mit denen sie gelegentlich auf Bäume klettern.

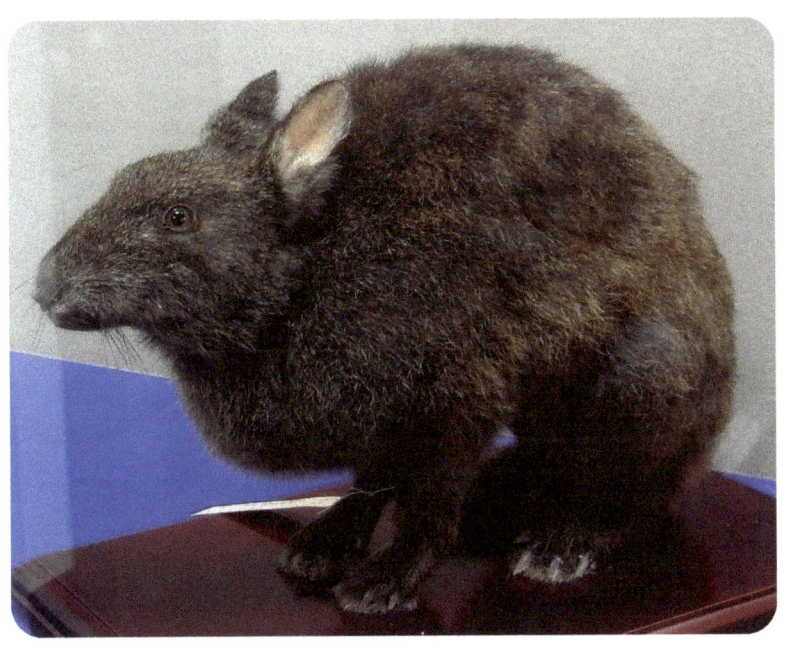

Ein präpariertes Amami-Kaninchen in Tokio, Japan.

Ihre Ohren sind relativ klein und ihr Fell ist dunkelbraun.

Sie sind nachtaktiv und leben meist in alten Wäldern. Tagsüber schlafen sie in Höhlen.

DER BUSCHMANNHASE

(auch Flusskaninchen genannt)
WISSENSCHAFTLICH: *Bunolagus*

Das Flusskaninchen, das zur Gattung der Bunolagus gehört, ist eine der am stärksten gefährdeten Säugetierarten der Welt. Die einzigen noch lebenden Populationen sind in einigen wenigen Gebieten in der südafrikanischen Karoo-Wüste zu finden. Der Lebensraum des Kaninchens ist kein Schutzgebiet, was es schwieriger macht, die dort lebenden Tiere zu schützen.

Es ist ein einzigartiges Kaninchen, weshalb es seine eigene Gruppe bekommt. Es sieht aus wie ein normales Kaninchen, doch hat es längere Ohren und einen längeren Körper. Man erkennt sie an den weißen Ringen um die Augen und einem schwarzen Streifen, der vom Mundwinkel über die Wange verläuft.

Der Buschmannhase.

Credit: iNaturlist.com

Einer der interessantesten Unterschiede zwischen anderen Kaninchen und dem Flusskaninchen ist, dass sie zwei Arten von Kot produzieren. In der Nacht ist ihr Kot hart, tagsüber ist er weich. Sie fressen ihren weichen Kot, um wichtige Nährstoffe aufzunehmen.

DIE GESTREIFTEN KANINCHEN
WISSENSCHAFTLICH: *Nesolagus*

Es gibt drei Kaninchenarten in der Gattung Nesolagus, die alle gestreift sind: das Annamiten-Streifenkaninchen, das Sumatra-Streifenkaninchen und das Nesolagus sinensis, das heute ausgestorben ist. Keine andere Kaninchenart ist gestreift.

Beide lebenden Arten sind sehr selten, sodass nicht viel über sie bekannt ist. Sie wurden bisher selten gesehen, es gibt allerdings von Biolog/innen aufgenommene Fotos vom gestreiften Sumatra-Kaninchen. Es ist bekannt, dass das Sumatra-Streifenkaninchen nachtaktiv ist und in Höhlen lebt, die es nicht selbst gebaut hat.

(Leibniz Institute for Zoo and Wildlife Research / WWF-Vietnam CarBi projet / Bach Ma National Park)

Die Ohren von Streifenkaninchen sind kürzer als bei anderen Arten, und sie haben sieben schwarze oder braune Streifen und einen weißen Bauch.

Gestreifte Kaninchen leben nur an ganz bestimmten Orten. Sumatra-Streifenkaninchen kommen in den Barisan-Bergen in Indonesien vor, während Annamit-Streifenkaninchen in den Annamit-Bergen an der Grenze zwischen Laos und Vietnam leben.

DAS VULKANKANINCHEN
WISSENSCHAFTLICH: *Romerolagus*

Es gibt auch nur eine einzige Art in der Romerolagus-Gruppe - das Vulkankaninchen. Das Vulkankaninchen lebt in den vulkanischen Bergen von Mexiko und ist nach dem Zwergkaninchen die zweitkleinste Kaninchenart.

Sie haben kleine, abgerundete Ohren, kurze Beine und wiegen 390-600 g. Sie sind dämmerungsaktiv und leben in Höhlen mit zwei bis fünf anderen Tieren.

Anstatt mit den Füßen zu stampfen wie andere Kaninchen, benutzt das Vulkankaninchen einen sehr hohen Ton als Warnsignal.

Sie sind eine gefährdete Art, deren Bestand vor allem aufgrund des Klimawandels und des Verlustes von Lebensraum zurückgeht.

DAS ZWERGKANINCHEN
WISSENSCHAFTLICH: *Brachylagus*

Die Gattung Brachylagus umfasst das Zwergkaninchen - die kleinste Kaninchenart der Welt. Sie leben nur in den Vereinigten Staaten und sind das einzige Kaninchen im Land, das seinen eigenen Bau gräbt.

Sie sind sehr klein (zwischen 375 und 500 Gramm), haben sie kurze Ohren, sind immer grau gefärbt und haben kurze Hinterbeine.

Die Weibchen sind etwas größer als die Männchen, was bei Säugetieren eher ungewöhnlich ist.

Sie leben hauptsächlich im Gebiet des Great Basin-Nationalpark, sowie im südwestlichen Bereich des Bundesstaates Montana.

BAUMWOLLSCHWÄNZE & TAPETÍS

WISSENSCHAFTLICH: *Sylvilagus*

In den Vereinigten Staaten ist die Gattung Sylvilagus am geläufigsten, denn sie umfasst Baumwollschwanz-Kaninchen und Tapetís (die in Mittel- und Südamerika leben). Es gibt 29 verschiedene Arten in dieser Gruppe, darunter Wüstenhasen, den Östlichen Hasenschwanz, Brasilien-Waldkaninchen und den Anden-Tapetí.

Baumwollschwänze und andere Sylvilagus-Kaninchen sind in Amerika beheimatet, und die meisten Arten leben in Nestern, die "Formen" (nicht zu tief in die Tiefe gehende Löcher, die eine klare Beckenform haben) genannt werden. Der engste

Verwandte der Sylvilagus-Kaninchen ist das Zwergkaninchen, aber auch sie sehen dem europäischen Kaninchen sehr ähnlich, nur mit größeren Ohren.

Ein Sylvilagus-Kaninchen erkennt man am ehesten an seinem kleinen, abgerundeten, flauschigen Schwanz - daher hat der Baumwollschwanz auch seinen Namen.

DAS WILDKANINCHEN
WISSENSCHAFTLICH: *Oryctolagus*

Du hast mit höchster Wahrscheinlichkeit schon einmal ein Oryctolagus-Kaninchen gesehen. Es ist auch als europäisches Kaninchen oder auch Wildkaninchen bekannt. Sie stammen ursprünglich von der Iberischen Halbinsel, die Spanien, Portugal und Südfrankreich umfasst.

Das europäische Kaninchen wurde auf allen Kontinenten, mit Ausnahme der Antarktis, eingeführt - leider oft mit verheerenden Auswirkungen auf die Umwelt. In Australien wurde das Kaninchen von europäischen Siedlern mitgebracht und verursacht dort nach wie vor große Probleme für das Land. Das Hauptproblem ist, dass es dort

keine natürlichen Raubtiere gibt, sodass die Populationen unkontrolliert wachsen.

Europäische Kaninchen sind in der Regel graubraun gefärbt, doch gibt es auch viele andere Varianten. Sie leben in Bauten, die aus mehreren Höhlen bestehen, und sind sehr gesellig. Da sie unterirdisch leben, sind sie nicht auf hohe Gräser angewiesen, um sich zu schützen. Man kann sie deshalb oft über Wiesen hoppeln sehen.

DAS BUSCHKANINCHEN
WISSENSCHAFTLICH: *Poelagus*

Die Gattung Poelagus besteht aus dem Buschkaninchen, welches auch Zentralafrikanisches Kaninchen oder Bunyoro-Kaninchen genannt wird. Wie der Name schon sagt, lebt es in Zentralafrika und ist hauptsächlich in der Feuchtsavanne zu finden.

Bunyoro-Kaninchen haben eine graubraune Farbe und einen gelblichen Schwanz mit weißer Unterseite. Sie haben im Vergleich zu anderen Kaninchen in Afrika kürzere Beine und ein relativ grobes Fell.

Ein seltenes Bild eines Buschkaninchens.

Credit: Mathias Dhaen

Sie sind nachtaktive Kaninchen und verstecken sich tagsüber in der dichten Vegetation oder in Felsenlöchern. Außerdem fressen sie gerne junge Pflanzentriebe, manchmal auch Erdnüsse und Reis, wenn sie sich in der Nähe menschlicher Populationen aufhalten.

DAS HAUSKANINCHEN
WISSENSCHAFTLICH: *Oryctolagus cuniculus forma domestica*

Das Hauskaninchen, oft auch einfach nur Kaninchen oder Hase genannt, ist eine Unterart des Wildkaninchens. Alle Hauskaninchenrassen, einschließlich Angora, Zwergkaninchen usw., gehören zur selben Familie.

Kaninchen werden in der westlichen Zivilisation seit dem 19. Jahrhundert als Haustiere gehalten. In den 1980er Jahren wurde die Idee, ein Kaninchen, ähnlich wie eine Katze, als Haustier zu halten, populär. Auf Seite 68 werden wir uns genauer ansehen, was es braucht, um ein Kaninchen als Haustier zu halten.

Weitere Kaninchengattungen sind das Borstenkaninchen (wissenschaftlich: Caprolagus hispidus) und das Rotkaninchen (wissenschaftlich: Pronolagus).

Das Borstenkaninchen zählt zu eines den seltensten Säugetieren der Welt und wurde bereits 1964 als ausgestorben betrachtet, bis man im Jahr 1966 wieder ein Exemplar sichtete. 2001 wurde diese Art auf 110 Exemplare weltweit geschätzt und es lebt in vereinzelten Gebieten im nordwestlichen Assam und Nepal.

Rotkaninchen haben eine rotbraune bis braune Färbung und leben in Afrika. Diese Art umfasst vier weitere Arten, die sich nur gering voneinander unterscheiden.

VON DER GEBURT BIS ZUM ERWACHSENSEIN

LASST UNS MEHR ÜBER DAS JUNGE LEBEN VON KANINCHEN ERFAHREN.

Kaninchenbabys werden **Nesthocker** oder **Kaninchenbabys** genannt.

...

Kaninchen sind berühmt für ihre Fortpflanzung! Ein weibliches Kaninchen kann bis zu zwölf Jungtiere in einem Wurf zur Welt bringen und im Laufe eines Jahres bis zu 60 Babys haben.

Kaninchen bringen blinde, taube und felllose Babys zur Welt.

Hasen hingegen bringen Junge zur Welt, die Fell haben und sehen können.

Ein weibliches Kaninchen kann bereits im Alter von vier Monaten mit der Fortpflanzung beginnen. Bei männlichen Tieren sind es etwa sieben Monate.

...

Innerhalb von zwölf Monaten kann ein Weibchen über 800 Kinder, Enkel und Urenkel zeugen! Das sind eine Menge Kaninchen.

...

Die **Trächtigkeitsdauer** (wie lange ein Weibchen schwanger ist) bei Kaninchen ist relativ kurz und liegt je nach Art zwischen 28 und 36 Tagen.

Sobald ein weibliches Kaninchen Jungtiere bekommen hat, kann es am nächsten Tag wieder trächtig werden.

...

Wenn Kaninchen geboren werden, sind ihre Augen geschlossen, und sie öffnen sich erst im Alter von etwa sieben Tagen.

...

Eine Kaninchenmutter wartet in der Regel einen Tag, bevor sie mit dem Säugen ihrer Jungen beginnt.

...

Im Alter von drei Wochen sind die Jungtiere nicht mehr auf die Milch ihrer Mutter angewiesen und beginnen nun ihr eigenes Leben.

Neugeborene Kaninchenbabys.

Junge Kaninchen in ihrem Nest.

Kaninchenmütter vergraben ihre Jungtiere in der Regel am Boden des Nestes und halten sich dann an einem anderen Ort auf, um keine Raubtiere anzulocken.

・・・

Du solltest niemals ein wildes Kaninchenbaby anfassen, da dies dazu führen kann, dass die Mutter es verlässt. Sie kann sogar das ganze Nest verlassen, wenn sie menschlichen Geruch riecht. Hauskaninchen stört das nicht so sehr, wenn sie den Menschen kennen.

・・・

Die meisten Kaninchenbabys trinken ihre Milch zwischen Mitternacht und 5 Uhr morgens. Eine Mahlzeit kann sie 24 Stunden lang ernähren.

DAS TÄGLICHE LEBEN UND DIE GEWOHNHEITEN DER KANINCHEN

Was machen Kaninchen den ganzen Tag? Lasst es uns herausfinden!

Kaninchen sind **Herbivore** (Pflanzenfresser), das heißt, sie fressen nur Pflanzen. Sie ernähren sich hauptsächlich von Gräsern und Kräutern, manchmal aber auch Früchten und Samen.

...

Kaninchen grasen in der Regel in der ersten halben Stunde ihrer Fresszeit, die meist am späten Nachmittag stattfindet, schnell. Danach fressen sie weiter, aber viel langsamer und selektiver.

Wenn Kaninchen glücklich sind, machen sie eine Bewegung namens "**binky**", bei der sie springen und in der Luft schnell ihr Hinterteil, Kopf oder beides drehen. Das sieht sehr niedlich aus!

• • •

Kaninchen können nicht nur toll hüpfen, sie sind auch erstaunliche Springer! Manche Kaninchen können bis zu 0,9 m hoch und 3 m weit springen.

• • •

Die riesigen Ohren der Kaninchen sind nicht nur zum Hören da (sie können sie um mehr als 180 Grad drehen!), die große Oberfläche hilft ihnen auch, ihre Körpertemperatur zu regulieren.

Kaninchen sind in ständiger Alarmbereitschaft, denn ihr Instinkt sagt ihnen, dass sie Beute sein könnten - auch wenn sie domestiziert sind.

...

Sauberkeit ist für Kaninchen sehr wichtig. Sie verbringen viel Zeit damit, sich zu putzen, und man kann sie oft dabei beobachten, wie sie sich auch gegenseitig putzen.

...

Manche Kaninchenbaue sind so groß wie ein Tennisplatz und können bis zu 3 m unter der Erde liegen.

Manchmal schnurren Kaninchen sogar, wenn sie glücklich sind. Das klingt wie bei einer Katze, aber sie knirschen dabei mit den Zähnen.

...

Obwohl Kaninchen berühmt dafür sind, Karotten zu fressen (danke, Bugs Bunny!), gehören sie eigentlich nicht zu ihrer natürlichen Ernährung und sollten nicht zu viele davon essen, da sie viel Zucker enthalten.

...

In freier Wildbahn haben Kaninchen zweimal im Jahr einen Fellwechsel. Hauskaninchen können ihr Fell sogar noch regelmäßiger abwerfen.

Ein Kaninchen mit halb hängenden Ohren.

Kaninchenbaue sind sehr komplex und haben mehrere Räume für verschiedene Aktivitäten wie Schlafen und Nisten. Sie haben auch mehrere Eingänge, damit sie so schnell wie möglich fliehen oder sich verstecken können.

...

Wenn sie versuchen zu fliehen, laufen Baumwollschwanzkaninchen im Zickzack, um ihre Feinde zu verwirren.

...

Frisch gemähtes Gras ist für Kaninchen giftig, daher solltest du es nicht an deine Haustiere verfüttern.

KANINCHEN IN FOLKLORE UND POPULÄRKULTUR

Von Bugs Bunny bis zur chinesischen Mythologie sind Kaninchen ein wichtiger Bestandteil der heutigen und vergangenen Kultur.

Ein beliebtes Kinderbuch über ein Kaninchen ist *The Velveteen Rabbit* von Margery Williams. In dem Buch erhält ein kleiner Junge zu Weihnachten ein Plüschkaninchen aus Samt, welches er jedoch zugunsten modernerer Spielsachen ignoriert. Das ändert sich jedoch schnell, aber am besten lesen Sie das Buch, um herauszufinden, wie!

Bugs Bunny ist wahrscheinlich der berühmteste Hase der Welt. Er wurde in den 1930er Jahren erfunden und hat in über 160 verschiedenen Cartoons mitgespielt. Er hat sogar seinen eigenen Stern auf dem Hollywood Walk of Fame!

...

Einer der besten Freunde von **Winnie-the-Pooh** ist ein Kaninchen namens... **Rabbit** (englisch für Kaninchen oder Hase)!

...

Die brittische Autorin Beatrix Potter ist berühmt für ihre wunderschönen Geschichten über Hasen, wie Die Geschichte von Peter Hase und Benjamin Kaninchen.

DAS ULTIMATIVE KANINCHENBUCH

Die Figur von Beatrix Potter Peter Hase.

Das wohl bekannteste Märchen, mit einem Hasen als Hauptfigur, ist *Der Hase und der Igel* von den Gebrüdern Grimm. In dem Märchen fordert der Igel den Hasen zu einem Wettlauf heraus. Weißt du, wer gewinnt?

...

Klopfer ist ein fiktives Kaninchen, das in den Disney-Filmen Bambi und Bambi II die Hauptrolle spielte. Seinen Namen hat er von seiner Angewohnheit, mit dem linken Hinterbein zu klopfen.

...

Das Kaninchen ist eines der zwölf chinesischen Tierkreiszeichen.

Das Kaninchen kommt in vielen Volksliedern vor und wird oft als Trickser dargestellt, der seine Feinde überlisten kann.

. . .

Interessanterweise wird das Kaninchen im vietnamesischen Tierkreis durch eine Katze ersetzt, wahrscheinlich weil es in Vietnam keine Kaninchen gab. Zum Beispiel ist 2023 das chinesische Jahr des Hasen.

. . .

In der koreanischen und japanischen Mythologie leben Kaninchen auf dem Mond und backen Reiskuchen, weshalb der Mond so viele dunkle und helle Flecken aufweist.

Bugs Bunny.

Auf der Isle of Portland in Dorset, Vereinigtes Königreich, gilt das Kaninchen als Unglücksbringer, und schon das Wort "Kaninchen" zu sagen, kann ältere Einwohner verärgern.

In einigen Teilen der USA und des Vereinigten Königreichs ist es ein beliebter Aberglaube, am ersten Tag eines jeden Monats "rabbit rabbit rabbit" zu sagen, um einen erfolgreichen Monat zu erleben.

...

Hasen werden oft mit Fruchtbarkeit und Wiedergeburt assoziiert, weshalb der Osterhase symbolisch für den Beginn des Frühlings steht.

...

Die Batterie Unternehmen Duracell und Energizer benutzen Hasen als Maskottchen und in der Werbung, da sie für ihre Schnelligkeit und Ausdauer bekannt sind.

In dem Kinderbuch Alice im Wunderland folgt Alice einem weißen Kaninchen, das keine Zeit hat und sagt, dass es zu spät kommt. Weißt du, wie die Geschichte weitergeht?

KANINCHEN ALS HAUSTIERE

Kaninchen sind sehr ruhig und freundlich, was sie zu wunderbaren Gefährten macht. Aber sie brauchen genauso viel Pflege wie jedes andere Haustier.

Das englische Wort "Bunny" kann Hase oder Kaninchen bedeuten.

...

Hauskaninchen sind sehr gesellig und in der Regel viel glücklicher, wenn man mindestens zwei von ihnen hat. Einzelne Kaninchen können traurig und depressiv werden.

Wie Katzen sind auch Kaninchen **sehr** reinlich und verbringen einen Großteil ihres Tages mit der Körperpflege. Sie sind auch sehr leicht zu erziehen.

• • •

Kaninchen werden seit dem 19. Jahrhundert als Haustiere gehalten und sind die perfekten Begleiter.

• • •

Kaninchen freunden sich manchmal mit Katzen und Hunden an, aber sei sehr vorsichtig, denn Katzen sind auch Raubtiere.

Kaninchen haben eine enge Bindung zu ihren Besitzern, und wenn sie sie erst einmal kennengelernt haben, sind sie sehr anhänglich.

...

Kaninchen können auch lernen - ihren Namen zu erkennen, zu dir zu kommen und einfache Tricks auszuführen.

...

Obwohl sie einen großen Teil des Tages in einem Käfig verbringen können, brauchen sie tägliche Bewegung außerhalb des Käfigs, um gesund und glücklich zu bleiben.

Gesunde Kaninchen können 6-12 Jahre alt werden, manchmal sogar noch älter.

...

Kaninchen haben eine Vorliebe für Süßes und freuen sich manchmal über einen fruchtigen Snack. Dies sollte jedoch nur in Maßen geschehen.

...

Wenn ein Kaninchen verängstigt ist, kauert es sich zusammen, um so klein wie möglich zu erscheinen. Es zieht auch seine Gesichtsmuskeln zusammen, wenn es Angst hat. Es ist also wichtig, auf diese Anzeichen zu achten.

Foto von: Guillermo Casales

Einer der Hauptgründe, warum Kaninchen als Haustiere beim Tierarzt landen, sind Zahnprobleme. Diese lassen sich jedoch weitgehend vermeiden, wenn man sie richtig füttert. Sorge dafür, dass sie immer genügend Heu zum Knabbern haben.

...

Wenn junge Kaninchen in einem zu kleinen Käfig gehalten werden, können sie Knochenbrüche erleiden, weil sie nicht genügend Platz haben, um sich zu bewegen und ihren Körper zu stärken.

Obwohl sie ähnlich groß sind, sind Meerschweinchen und Kaninchen keine guten Freunde. Oft greifen Kaninchen Meerschweinchen an und sie haben unterschiedliche Ernährungsbedürfnisse, was es schwierig macht, sie in einem Gehege zu halten.

. . .

Es ist wichtig, dass die Impfungen deines Kaninchens immer auf dem neuesten Stand sind. Krankheiten wie **Myxomatose** (oder auch Kaninchenpest) und die virale hämorrhagische Krankheit können tödlich für sie sein.

Es ist auch eine gute Idee, dein Kaninchen kastrieren zu lassen, da es dann in der Regel ruhiger und gesünder wird und sich leichter stubenrein machen lässt.

...

Kaninchen sind es gewohnt, auf dem Boden zu liegen, und mögen es daher nicht, wenn man sie hochhebt. Wenn Sie sich jedoch auf den Boden setzen, kommen sie normalerweise zu dir.

...

Wenn dein Kaninchen anfängt, dich mit der Nase zu stupsen, fordert es Aufmerksamkeit!

Fliegenmaden (auch: Myiasis, Fliegenlarvenkrankheit) ist ein ernstes und recht häufiges Problem für Kaninchen, insbesondere in den Sommermonaten. Bei der Fliegenlarvenkrankheit kann ein Kaninchen von Maden befallen werden, die tödliche Gifte in seinen Körper abgeben.

...

Es ist wichtig, das Fell deiner Kaninchen sauber zu halten und sie täglich auf Anzeichen von Madenbefall zu untersuchen. Du kannst auch eine vorbeugende Behandlung bei deinem Tierarzt kaufen.

Kaninchen mögen es nicht, in Autos mitzufahren, daher ist es am besten, sie zu Hause zu halten.

• • •

Kaninchen sollten niemals die Krallen komplett entfernt werden, da sie sonst nicht mehr aufstehen können. Achte deshalb darauf, dass sie viel Bewegung bekommen und schneide ihnen gelegentlich die Nägel ein wenig, wenn sie zu lang werden.

• • •

Kaninchen brauchen eine ballaststoffreiche Ernährung, d. h. viel, viel Heu und kleine Mengen frisches Gemüse.

ANDERE INTERESSANTE KANINCHEN-FAKTEN

Es gibt noch so viel mehr über Kaninchen zu erfahren… Hier sind einige unserer Lieblingsfakten.

Es ist unmöglich für Kaninchen, sich zu übergeben.

...

Die Zähne von Kaninchen hören nie auf zu wachsen. Aber das ganze Kauen trägt dazu bei, dass die Zähne eine gesunde Länge haben.

Die größte Kaninchenrasse ist das **flämische Riesenkaninchen**, das fast so groß ist wie ein Kleinkind! Trotz ihrer Größe sind sie sehr freundlich und werden oft als Haustiere gehalten.

...

Kaninchen sind auf vielen Fähren verboten, z. B. auf der Überfahrt vom Vereinigten Königreich nach Frankreich, weil sich Kaninchen im 17. Jahrhundert durch den Rumpf eines Schiffes fraßen und somit den Tod vieler Soldaten verursachten.

Viele Jahre lang haben Menschen ihre Kaninchen "hypnotisiert", indem sie sie auf den Rücken legten und ihre Hinterbeine streichelten, in dem Glauben, sie würden sich dadurch entspannen. Es hat sich jedoch gezeigt, dass dies sehr traumatisch für die Kaninchen ist.

...

Angorakaninchen sind eine der ältesten domestizierten Kaninchenarten. Sie werden hauptsächlich wegen ihres schönen, weichen Fells gezüchtet. Ursprünglich stammen sie aus der Türkei, aber inzwischen gibt es elf verschiedene Rassen von Angorakaninchen auf der ganzen Welt.

Kaninchenzucht und -ausstellungen sind eine große Sache, vor allem in den USA. Die Züchter/innen konkurrieren mit anderen, um ihre schönsten Kaninchen zu präsentieren. Es gibt nicht viel Geld zu gewinnen, aber für viele Menschen ist es ein lustiges und spannendes Hobby.

...

Kaninchen haben einen blinden Fleck vor der Nase, ansonsten können sie fast alles um sich herum sehen.

Da Kaninchen manchmal so gezüchtet werden, dass sie besonders lange Ohren haben, was sich negativ auf ihre Gesundheit auswirkt, haben einige Länder, darunter Deutschland und die Niederlande, die Teilnahme von Kaninchen mit zu langen Ohren an Ausstellungen verboten.

...

Kaninchen-Springen oder Kaninchen-Agility ist ein Wettbewerb, der dem Pferdespringen ähnelt. Die Kaninchen werden von ihren Trainern angeleitet, über kleine Hindernisse zu springen. Die Veranstaltung wurde in den 1970er Jahren in Schweden ins Leben gerufen, und seither finden überall auf der Welt Wettkämpfe statt.

Der **Internationale Tag des Kaninchens** findet jedes Jahr am vierten Samstag im September statt. An diesem Tag feiern Kaninchenliebhaber auf der ganzen Welt die Freude, die Kaninchen bereiten, und setzen sich für ein gesundes Umfeld für sie ein.

Wirst du ihn feiern?

Ein flämisches Riesenkaninchen.

KANINCHEN-
quiz

Teste jetzt dein Wissen in unserem Kaninchen-Quiz! Die Antworten findest du auf Seite 96.

1. Wie nennt man ein Kaninchenbaby?

2. Was ist der Hauptunterschied zwischen Kaninchen und Hasen?

3. Wie nennt man weibliche Kaninchen?

4. Auf welchem Kontinent gibt es keine Kaninchen?

5. Wie viele verschiedene Arten von Ohren können Kaninchen haben?

6. Karotten sind gut für Kaninchen. Richtig oder falsch?

7. Wie viele Rassen von Hauskaninchen gibt es?

8. Welche Art von Kaninchen lebt nur auf zwei kleinen Inseln in Japan?

9. Wie viele lebende Arten von gestreiften Kaninchen gibt es?

10. Welche Kaninchenrasse ist am größten?

11. Das Hauskaninchen gehört zu welcher Familie der Kaninchen?

12. Wann wurden Kaninchen erstmals als Haustiere gehalten?

13. Welches Problem hat das weiße Kaninchen in Alice im Wunderland?

14. Wann öffnen Kaninchenbaby zum ersten Mal ihre Augen?

15. Kaninchen können schnurren. Richtig oder falsch?

16. Wie oft haben Wildkaninchen Fellwechsel?

17. Wie heißt das Kaninchen in den Bambi-Filmen?

18. Wann ist das nächste chinesische Jahr des Hasen?

19. Meerschweinchen und Kaninchen sind gute Freunde. Richtig oder falsch?

20. Wann ist der Internationale Tag des Kaninchens?

Antworten

1. Ein Kaninchenbaby, Nesthocker oder Jungtier.
2. Hasen sind viel größer.
3. Häsin oder Zibbe.
4. Die Antarktis.
5. Fünf.
6. Falsch.
7. 303.
8. Das Amami-Kaninchen.
9. Zwei.
10. Das flämische Riesenkaninchen.
11. Oryctolagus, das Wildkaninchen.
12. Im 19. Jahrhundert.
13. Es ist zu spät und hat keine Zeit.
14. Nach etwa sieben Tagen.
15. Wahr.
16. Zweimal im Jahr.
17. Klopfer.
18. 2023 und danach 2035.
19. Falsch.
20. Am vierten Samstag im September.

Kaninchen
WORTSUCHE RÄTSEL

D	G	F	D	E	G	Ü	N	A	C	X	S
E	K	B	U	G	S	B	U	N	N	Y	S
Ä	Y	A	Q	W	A	I	V	G	J	H	G
Y	Q	W	N	D	F	N	N	O	C	H	I
Ü	H	Y	T	I	C	K	X	R	K	Ü	U
Q	F	E	Ä	C	N	Y	N	A	I	P	T
S	Z	E	I	U	E	C	C	X	D	F	W
D	I	N	L	Q	D	F	H	Ü	D	E	D
F	B	H	K	L	O	P	F	E	R	N	G
G	B	F	K	Ä	C	D	S	R	N	V	M
H	E	S	W	R	T	U	K	G	F	Q	C
Ü	B	O	H	R	E	N	S	D	F	E	Ä

Kannst du alle Wörter in dem Wortsucherätsel auf der linken Seite finden?

KANINCHEN	**ANGORA**	**BINKY**
ZIBBE	**BUGS BUNNY**	**OHREN**
KLOPFER	**FELL**	**HÜPFEN**

DAS ULTIMATIVE KANINCHENBUCH

LÖSUNG

							A		
	K	B	U	G	S	B	U	N	N	Y
		A				I		G	
		N				N		O		H
			I			K		R		Ü
	F			N	Y		A			P
	Z	E			C					F
	I		L			H				E
	B		K	L	O	P	F	E	R	N
	B							N		
	E									
		O	H	R	E	N				

QUELLEN

"Rabbit - Wikipedia". 2021. En.Wikipedia.Org. *https://en.wikipedia.org/wiki/Rabbit#Taxonomy.*

"Pika - Wikipedia". 2020. En.Wikipedia.Org. *https://en.wikipedia.org/wiki/Pika.*

"Pikas, Rabbits, And Hares: Lagomorpha | Encyclopedia.Com". 2021. Encyclopedia.Com. *https://www.encyclopedia.com/science/encyclopedias-almanacs-transcripts-and-maps/pikas-rabbits-and-hares-lagomorpha.*

"Rabbit Fact Sheet | Blog | Nature | PBS". 2020. Nature. *https://www.pbs.org/wnet/nature/blog/rabbit-fact-sheet/.*

"Amami Rabbit - Wikipedia". 2021. En.Wikipedia.Org. *https://en.wikipedia.org/wiki/Amami_rabbit.*

"Volcano Rabbit - Wikipedia". 2021. En.Wikipedia.Org. *https://en.wikipedia.org/wiki/Volcano_rabbit.*

"Desert Cottontail - Wikipedia". 2021. En.Wikipedia.Org. *https://en.wikipedia.org/wiki/Desert_cottontail.*

"Interesting Facts About Rabbits". 2021. MSPCA-Angell. *https://www.mspca.org/pet_resources/interesting-facts-about-rabbits/.*

Humane, Columbus, and Columbus Humane. 2019. "Fun Facts About Rabbits — Columbus Humane". Columbus Humane. *https://www.columbushumane.org/the-wag/2019/2/20/fun-facts-about-rabbits.*

"10 Hopping Fun Rabbit Facts! | National Geographic Kids". 2019. National Geographic Kids. *https://www.natgeokids.com/uk/discover/animals/general-animals/10-hopping-fun-rabbit-facts/.*

"Baby Bunnies Best Left In Nest - Veterinary Medicine At Illinois". 2017. University Of Illinois College Of Veterinary Medicine. *https://vetmed.illinois.edu/bunnies-best-left-nest/.*

"How To Look After A Rabbit | Blue Cross". 2021. Blue Cross. *https://www.bluecross.org.uk/pet-advice/caring-your-rabbit.*

"Rabbit". 2021. Cs.Mcgill.Ca. *https://www.cs.mcgill.ca/~rwest/wikispeedia/wpcd/wp/r/Rabbit.htm.*

"Lop Rabbit - Wikipedia". 2021. En.Wikipedia.Org. *https://en.wikipedia.org/wiki/Lop_rabbit.*

"Newborn Baby Bunny Facts ". 2021. Rabbit.Org. *https://rabbit.org/care/newborn.html.*

"14 Fascinating Facts About Rabbits". 2018. Mentalfloss.Com. *https://www.mentalfloss.com/article/557234/facts-about-rabbits.*

Auch von Jenny Kellett

... und mehr!

DAS ULTIMATIVE KANINCHENBUCH

Wir würden uns freuen, wenn du uns eine **Bewertung** hinterlässt!

Sie bringen uns immer zum Lächeln, aber was noch wichtiger ist, sie helfen anderen Lesern, bessere Kaufentscheidungen zu treffen.

Besuche uns auf:

www.bellanovabooks.com

für weitere Fun-Fact-Bücher und Geschenke!

www.ingramcontent.com/pod-product-compliance
Lightning Source LLC
LaVergne TN
LVHW050132080526
838202LV00061B/6472